Artistes | numéro 7

REMBRANDT
ET LE CLAIR-OBSCUR

Le baroque
dans toute sa splendeur

par Céline Muller

50MINUTES

Avec la collaboration de Corinne Durand

REMBRANDT

- **Nom ?** Rembrandt Harmenszoon van Rijn.
- **Naissance ?** Né le 15 juillet 1606 à Leyde.
- **Mort ?** Décédé le 4 octobre 1669 à Amsterdam.
- **Contexte ?** Rembrandt est certainement la figure la plus marquante de la peinture hollandaise baroque du XVIIe siècle. Cette période, durant laquelle les Pays-Bas septentrionaux (la Hollande) deviennent la première puissance commerciale au monde, est considérée comme le siècle d'or hollandais.
- **Œuvres majeures ?**
  - *La Leçon d'anatomie du docteur Nicolaes Tulp* (1632)
  - *Danaé* (1636-1643)
  - *La Ronde de nuit* (1642)
  - *Le Christ se révélant aux pèlerins d'Emmaüs* (1648)
  - *Bethsabée au bain tenant la lettre de David* (1654)
  - *Autoportrait avec béret et col droit* (1659)

Rembrandt est souvent perçu comme l'un des plus grands peintres baroques du XVIIe siècle. Son nom évoque d'emblée ces immenses toiles sombres et contrastées qui ont fait sa postérité, mais aussi le souvenir d'une époque bénie, d'un âge d'or qui a vu les Pays-Bas occidentaux s'imposer comme la première puissance économique à l'échelle mondiale, mais également comme un havre de paix pour tous les érudits qui affluent en masse dans ces terres synonymes de liberté de culte.

Rembrandt révolutionne le monde pictural en proposant des œuvres caractérisées par une utilisation originale de la lumière, qu'il oppose à de grands pans d'ombres opaques. Il contribue à améliorer la technique du clair-obscur en procédant par de grosses touches de pinceau et en baignant de clarté les sujets principaux de ses tableaux. Durant toute sa vie, l'artiste n'a de cesse de se représenter dans de nombreux autoportraits réalistes et sans concession pour son visage marqué par les épreuves personnelles et les déconvenues financières.

Si son travail de graveur est moins connu aujourd'hui, ses estampes n'en sont pas moins très appréciées à partir de 1626, et ce jusqu'à sa mort. Tout comme dans ses tableaux, on y retrouve un important travail sur le clair-obscur.

LE SIÈCLE DU BAROQUE

Si de nombreux styles coexistent dans la peinture du XVIIe siècle, il est indéniable que le baroque y occupe une place de choix, dès 1600 et jusqu'en 1750. Il trouve son origine à Rome et se caractérise notamment par le perfectionnement des techniques de la perspective, codifiée deux siècles auparavant par l'architecte Leon Battista Alberti (1404-1472) dans son traité *De Pictura* (1435).

Il n'est pas anodin que le mouvement baroque naisse dans la capitale de la chrétienté : il sert en réalité la propagande mise en place par l'Église catholique dans le cadre de la Contre-Réforme. Ainsi, l'art baroque entend rendre au catholicisme son prestige d'antan en s'opposant à l'austérité des luthériens et des calvinistes au moyen d'œuvres exubérantes, toutes en mouvements, chargées de détails et pleines de vie. L'art, support de dévotion, devient en outre un outil d'enseignement : les œuvres de l'époque ont pour objectif de propager le « vrai » message de la Bible, ou du moins celui que les catholiques ont décidé de faire passer pour tel.

LES 95 THÈSES DE LUTHER

En 1517, le théologien allemand Martin Luther (1483-1546) affiche sur la porte de l'église du château de Wittenberg 95 thèses qui dénoncent les abus de l'Église (son opulence, ses mœurs dissolues, son commerce des indulgences, etc.). Ce geste a un profond retentissement, principalement en Allemagne et aux Pays-Bas, et donne naissance à la Réforme protestante, un mouvement religieux qui entend retourner aux sources du christianisme, en promouvant notamment un accès direct aux textes sacrés (qui seront dès lors traduits en langue vulgaire), dont il réaffirme l'importance face à la tradition catholique et aux dogmes édictés par

Durant tout le XVIIᵉ siècle, le style baroque s'oppose au classicisme, un courant artistique directement inspiré de la Renaissance et de ses modèles grecs et romains. Le classicisme tente de contrebalancer les excès du baroque et du maniérisme (qui constitue un prolongement du baroque), en proposant une peinture académique qui entend représenter le réel avec exactitude, tout en idéalisant les sujets, inspirés de l'Antiquité gréco-romaine. Il connaît un grand succès en France aux XVIIᵉ et XVIIIᵉ siècles, notamment à travers le travail de Nicolas Poussin (1594-1655).

L'ÂGE D'OR HOLLANDAIS

Le XVIIᵉ siècle est considéré par les historiens comme le siècle d'or (*De Golden* ou *Gouden Eeuw*, en néerlandais) de la République des Sept Provinces-Unies (les Pays-Bas septentrionaux, l'ancêtre des Pays-Bas actuels, par opposition aux Pays-Bas méridionaux qui correspondent à la Belgique, au Luxembourg et au Nord de la France actuels).

Si le reste de l'Europe connaît à cette époque une phase de stagnation, les Pays-Bas septentrionaux sont quant à eux en plein essor économique et culturel. En effet, la République des Provinces-Unies est à la tête d'un puissant empire commercial, favorisé par une flotte marchande importante et efficace, en perpétuel échange avec ses nombreuses colonies. Les matières premières, ramenées des colonies par voie maritime, participent au développement des industries de transformation implantées sur les canaux des différentes provinces, puis la production est exportée à l'étranger, également par bateau. L'industrie hollandaise la plus célèbre est certainement celle des draps de Leyde, réputés pour leur douceur. Cet essor industriel attire des entrepreneurs et des ouvriers venant de toute l'Europe.

Mais si les populations affluent vers cette région, c'est également grâce à sa réputation de tolérance. En effet, face à une Europe chrétienne où la pression religieuse se fait particulièrement insistante, les Provinces-Unies ont instauré la liberté de culte. On y trouve dès lors des huguenots (protestants français), des juifs, parmi lesquels le philosophe Baruch Spinoza (1632-1677), et beaucoup d'autres réfugiés venant d'Espagne ou du Portugal. Cette affluence favorise le brassage culturel et l'échange des savoirs. En outre, de nombreux écrivains et érudits s'établissent dans le pays afin de pouvoir enseigner et publier leurs écrits sans crainte de représailles. Ainsi, les Pays-Bas septentrionaux sont non seulement la plus grande puissance économique mondiale, mais également un centre intellectuel et culturel majeur sur la scène européenne.

LA RÉVOLTE DES PAYS-BAS

De 1568 à 1648, la guerre de Quatre-Vingts ans, également appelée la Révolte des Pays-Bas, oppose la monarchie espagnole à un territoire englobant les actuels Pays-Bas, la Belgique, le Luxembourg et le Nord de la France. Dès 1581, les sept provinces du Nord (les actuels Pays-Bas) proclament leur indépendance et forment la République des Sept Provinces-Unies (qui sera reconnue par l'Espagne en 1648), tandis que les provinces du Sud demeurent sous tutelle de la monarchie espagnole.

La religion tient une place cruciale dans ce conflit. En effet, l'arrivée du protestantisme dans les provinces du Nord provoque l'intervention violente de l'Inquisition espagnole, ce qui crée des tensions avec l'ensemble de la population. Ces événements expliquent en partie la grande tolérance religieuse qui règne dans les Provinces-Unies une fois l'indépendance acquise.

DE NOUVEAUX COMMANDITAIRES

La conversion massive des Pays-Bas septentrionaux au protestantisme s'accompagne d'un certain iconoclasme. En effet, la doctrine protestante se caractérise par un refus de toute représentation religieuse. Non pas que les peintres reçoivent l'interdiction de peindre des sujets religieux, mais l'Église, principal commanditaire jusqu'alors, cesse de passer commande aux artistes. Dès lors, une nouvelle clientèle se développe. Dorénavant, le marché de l'art est alimenté par la riche bourgeoisie marchande, qui impose de nouveaux thèmes dans la peinture : les sujets religieux se raréfient au profit des scènes de la vie quotidienne, des paysages, des natures mortes et, surtout, des portraits. En effet, les bourgeois aiment se faire représenter afin de mettre en avant leur statut social, et entendent démontrer leur prestige et leur richesse en faisant peindre des portraits de plus en nombreux et de plus en plus coûteux. Pour la même raison, ils se font peindre entourés de meubles en bois précieux et d'étoffes luxueuses. Il s'agit là d'une nouvelle manière de faire étalage de sa richesse.

BIOGRAPHIE

UNE ENFANCE DORÉE

Rembrandt Harmenszoon van Rijn naît le 15 juillet 1606 à Leyde, sur le vieux Rhin (d'où son patronyme, van Rijn signifiant « du Rhin »). Il est le neuvième des dix enfants de Harmen Gerritszoon van Rijn (1568-1630), meunier de profession, et de Neeltgen Willemsdochter van Zuytbrouck (1568-1640). Malgré le catholicisme de sa mère, Rembrandt est élevé dans la foi protestante. Issu d'un milieu bourgeois, il reçoit une éducation de qualité à l'école latine de Leyde de 1613 à 1619. Il s'agit d'une institution calviniste qui lui prodigue non seulement un enseignement religieux poussé (ce qui transparaîtra dans de nombreuses œuvres de l'artiste, notamment dans le choix de ses sujets), mais également des cours de dessin. Il est donc probable que, dès cette époque, Rembrandt commence à se passionner pour la peinture.

Dès son entrée à l'université de Leyde en 1620, il néglige les cours pour se consacrer à son art. Alors âgé de 14 ans seulement, il entre en apprentissage, d'abord dans l'atelier de Jacob Isaacsz van Swanenburgh (1571-1638) à Leyde, puis dans celui de Pieter Lastman (1583-1633) à Amsterdam. Tous deux sont des maîtres de renom à cette époque, mais c'est Lastman, avec sa riche palette et sa force narrative, qui influence le plus Rembrandt. Ayant beaucoup voyagé en Italie, il transmet à son élève les codes de la peinture italienne et lui fait découvrir le style si particulier du Caravage (1571-1610), où le clair-obscur occupe une place prépondérante.

DE LEYDE À AMSTERDAM, LE DÉBUT DE LA NOTORIÉTÉ

En 1624, Rembrandt rentre chez ses parents et ouvre son atelier avec son ami Jan Lievens (1607-1674), ancien élève de Lastman lui aussi. Dans son autobiographie, Constantijn Huygens (1596-1687), le secrétaire du gouverneur des Provinces-Unies, explique que « Lievens fai[t] montre d'originalité et d'audace, Rembrandt de plus de profondeur et d'imagination ». Il ajoute aussi que « Rembrandt a un pinceau plus assuré et une plus grande vigueur dans la représentation des émotions, [tandis que] Lievens se montre plus inventif et hardi dans les formes et les thèmes » (propos rapporté par Huygens dans son autobiographie publiée en 1891 et cité par GOLDFARB (Hilliard T.), *Revue du Musée des beaux-arts de Montréal*, hiver 2013, p. 20). Les œuvres des deux peintres s'inspirent l'une de l'autre, avant de se concurrencer à la fin de leur carrière. C'est également à Lievens que l'on doit l'initiation de Rembrandt à la gravure. En effet, à côté de ses tableaux bien connus du grand public, Rembrandt devient également un graveur habile et prolifique.

300 ESTAMPES !

De 1628 à 1665, Rembrandt aurait gravé approximativement 300 estampes. Leurs thèmes sont essentiellement religieux, bien qu'on compte également un certain nombre d'autoportraits, de portraits, de paysages et de nus. Ses gravures connaissent un grand succès, surtout dans les années 1650.

Rembrandt acquiert rapidement une certaine notoriété, même parmi les personnalités importantes de l'époque. La visite de son atelier, en 1629, par le secrétaire du prince d'Orange lui apporte popularité, aisance financière et reconnaissance. Ses commandes se multiplient, qu'il s'agisse de tableaux de guilde ou de portraits. Ainsi, en 1631, pour satisfaire ses commanditaires, il s'installe à Amsterdam, centre névralgique des Provinces-Unies, où il est logé par un marchand de tableaux avec qui il s'associe, Hendrick van Uylenburgh (vers 1584-1660). Celui-ci l'introduit alors dans la haute société de la capitale et lui apporte les commandes de portraits de ses riches amis. En 1634, Rembrandt épouse par ailleurs la nièce de son associé, Saskia van Uylenburgh (1612-1642), qui lui donne vraisemblablement trois enfants.

DES ANNÉES NOIRES POUR L'ARTISTE, UN ÂGE D'OR POUR SA PEINTURE

En 1639, Rembrandt et Saskia s'endettent pour acheter une demeure luxueuse (aujourd'hui devenue un musée dédié à Rembrandt) dans le quartier juif d'Amsterdam. Le peintre est marqué par de nombreux deuils : il perd ses enfants, puis son épouse, qui meurt en 1642 des suites d'une tuberculose. Il engage alors Geertje Dircx (vers 1610-1656), qui devient sa compagne – provoquant par la même occasion un grand scandale –, pour s'occuper du fils qu'il lui reste, Titus. C'est durant ces années malheureuses que Rembrandt apporte la touche finale à son tableau le plus célèbre, *La Ronde de nuit* (1642), qui dresse les portraits de 18 membres de la milice des mousquetaires d'Amsterdam. Le dynamisme de la composition en fait une œuvre révolutionnaire.

Après des déboires avec Geertje Dircx, qui le poursuit en justice pour avoir rompu une promesse de mariage, Rembrandt s'en sépare et engage Hendrickje Stoffels (1625-1663), une servante avec qui il engage une relation dès 1649. La naissance de leur fille Cornélia, en 1654, lui vaut de sévères remontrances de la part de la Cour ecclésiastique d'Amsterdam, qui l'accuse de concubinage. Cette polémique initie une période de déclin pour l'artiste. En effet, des dettes considérables et son train de vie dispendieux (il s'entoure d'œuvres d'art dans son atelier pour s'en inspirer) l'amènent à la faillite, au point qu'il est contraint de vendre ses biens en 1656. Sa renommée est toujours importante, puisqu'il continue à honorer des commandes pour de grandes personnalités de l'époque, mais les sollicitations se font de moins en moins nombreuses.

L'artiste survit quelques années à sa compagne, décédée de la peste en 1663, et à son fils Titus, mort en 1668, avant de s'éteindre à son tour, le 4 octobre 1669, dans le plus grand dénuement. Il est enterré dans l'église de Westerkerk, à Amsterdam. Une plaque commémorative indique actuellement que le peintre a bel et bien été inhumé dans l'église. Cependant, aucune trace de la tombe ne subsiste aujourd'hui et sa localisation demeure inconnue. La famille de Rembrandt, désargentée, ne put lui faire construire un tombeau personnel et loua donc un emplacement de manière anonyme.

CARACTÉRISTIQUES

LE PERFECTIONNEMENT DU CLAIR-OBSCUR

À de nombreux égards, Rembrandt peut être considéré comme « le » peintre du baroque par excellence. Toutefois, il va plus loin que ses contemporains et imprime à l'esthétique baroque sa touche personnelle, révolutionnant ainsi la production artistique de l'époque.

Pour faire ressortir cette théâtralité qui lui est propre, l'artiste joue énormément sur la luminosité de ses œuvres. Ainsi, les ombres soulignent les modelés tandis que la lumière attire l'attention sur certaines parties de ses tableaux, dans un jeu pictural que l'on appelle le clair-obscur et qui consiste en la création de contrastes entre des zones claires et des zones plus sombres. Le peintre laisse même de grands pans de ses tableaux baigner dans un noir opaque.

Sans pour autant l'inventer, il perfectionne la technique du clair-obscur de façon tout à fait singulière. C'est certainement grâce à l'étude des œuvres du Caravage dans l'atelier de Lastman qu'il met au point sa propre méthode. Celle-ci se caractérise par l'utilisation de pigments de couleur terreuse et par la superposition de plusieurs couches de glacis en des touches épaisses, visibles sur la toile, qui créent un certain relief dans la peinture. En somme, ce sont la lumière et l'ombre qui sont au centre de ses tableaux, au détriment des couleurs, moins importantes. Sa palette est d'ailleurs assez peu fournie.

DES SCÈNES SPONTANÉES AU RÉALISME CRU

Le baroque est un art de l'instant. Les artistes baroques représentent l'action au moment où elle se produit afin d'en dégager tous les aspects dramatiques. Les scènes peintes apparaissent alors comme spontanées et vivantes. Ce dynamisme est encore accentué par le mouvement des compositions. Dans les tableaux de Rembrandt, il est suggéré par des lignes de perspective le plus souvent obliques et des plans fréquemment asymétriques. Dans le même esprit, les tissus apparaissent toujours gonflés par le vent ou agités.

Quant aux personnages, ils quittent la rigidité sévère des siècles précédents pour s'animer. Les peintres baroques véhiculent dans leurs œuvres une émotion, contrairement aux toiles de la Renaissance, par exemple, où l'accent est mis sur la rationalité et l'attente de l'événement à venir.

L'ART DE LA RENAISSANCE

L'art de la Renaissance s'étend approximativement du XIVe au XVIe siècle et trouve son origine en Italie. Il est marqué par le retour à l'Antiquité classique, tant dans les thèmes que dans le style des œuvres, qui se veulent harmonieuses et rationnelles, épurées de tout débordement affectif. Il se caractérise notamment par l'intégration du profane dans les œuvres, la répartition uniforme de la lumière, un traitement plus réaliste du corps humain, une idéalisation des sujets ou encore le strict respect des règles de la perspective.

Ainsi, les personnages de Rembrandt ne sont pas idéalisés mais, au contraire, ils sont peints dans leur vérité, avec un grand souci de réalisme, de façon à ce que leurs sentiments transparaissent sur la toile. De la même manière, ses nombreux autoportraits reflètent ses différents états d'esprit : ils représentent un Rembrandt de plus en plus affecté par le malheur, livrant ainsi une œuvre à la psychologie changeante et en constante évolution.

Enfin, les thèmes de prédilection de Rembrandt sont les scènes religieuses, mais il peint également des portraits ainsi que des scènes historiques ou mythologiques. En revanche, il représente peu de paysages, même s'il aborde ce thème dans ses nombreuses gravures. C'est pourtant à cette époque que le paysage et les scènes de genre commencent à connaître un certain succès.

UNE IMPORTANTE ŒUVRE DE GRAVEUR

À côté de son œuvre picturale, Rembrandt est également un graveur prolifique. Comme dans ses tableaux, c'est avant tout l'expressivité du sujet qu'il cherche à mettre en avant. Pour ce faire, il utilise l'eau-forte, une technique qui lui permet de transposer dans ses estampes ce fameux clair-obscur qui fait son originalité en peinture. Pour l'artiste, ce jeu d'ombre et de lumière est encore plus central dans la gravure que dans la peinture.

La technique de l'eau-forte, utilisée en imprimerie dès la fin du XVe siècle, est un procédé de gravure consistant à recouvrir une planche de métal (souvent du cuivre) d'un vernis protecteur. À l'aide d'une pointe dure, l'artiste crée son dessin en grattant le vernis là où il veut faire apparaître ses traits. Rembrandt suggère le clair-obscur à l'aide de petites incisions irrégulières, sans tracer de contours précis. La plaque est ensuite plongée dans un acide (l'eau-forte), qui fait réagir les parties n'étant plus protégées par le vernis. Des sillons se creusent alors là où l'acide attaque le métal et servent de réservoir pour permettre à l'artiste d'encrer sa planche. Une fois la planche recouverte d'encre, il peut alors imprimer le motif ainsi créé et le reproduire à l'infini.

Rembrandt utilise pour sa part l'eau-forte de manière originale en compilant plusieurs techniques différentes :

- la double morsure, qui consiste à plonger sa plaque dans le bain d'acide à deux reprises, de manière à y ajouter des détails ;
- la pratique du burin, où l'artiste reprend sa plaque après le bain d'acide pour y ajouter des traits à l'aide d'un burin, et ce dans le but d'accentuer certains traits ;
- l'utilisation d'un acide mordant directement sur la plaque pour obtenir des effets de brume ;
- des irrégularités à l'encrage afin de « voiler » volontairement ses œuvres.

Il est difficile de dater précisément les premières estampes de Rembrandt : s'il signe ses tableaux (d'un monogramme d'abord, puis de son prénom seulement), ce n'est pas le cas de ses gravures, mis à part un autoportrait.

LA LEÇON D'ANATOMIE DU DOCTEUR NICOLAES TULP

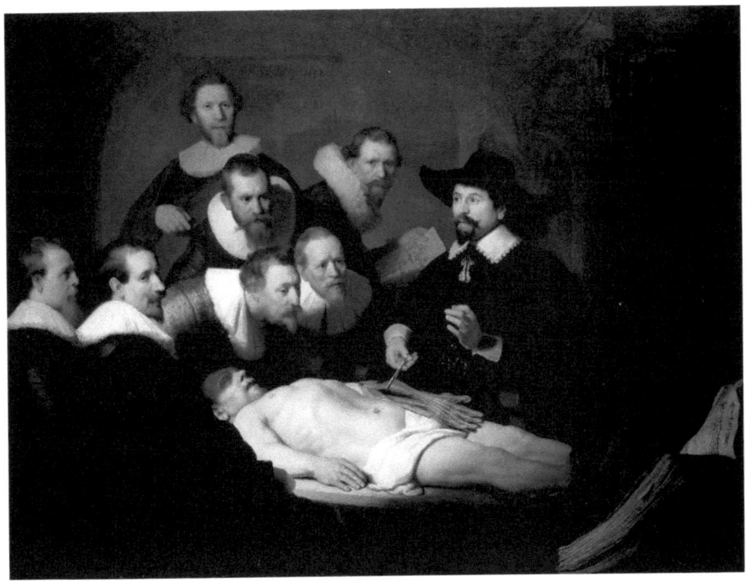

La Leçon d'anatomie du docteur Nicolaes Tulp, 1632, huile sur toile, 169,5 × 216,5 cm, La Haye, Cabinet royal de peintures Maurithuis.

Ce tableau illustre une leçon d'anatomie donnée par le professeur Nicolaes Tulp (1593-1674), membre éminent de la confrérie des chirurgiens d'Amsterdam. Commandé par la confrérie en janvier 1632, il s'agit du tout premier portrait de groupe peint par Rembrandt. Ce type de commande est très en vogue en Hollande à cette époque : il s'agit d'une manière, pour les confréries et les guildes, de faire la promotion de leur ordre.

L'œuvre est marquée par une composition déséquilibrée. L'amoncellement des observateurs derrière le cadavre ancre la composition sur le côté gauche du tableau, ce qui confère en même temps à la toile un mouvement et un dynamisme propres à l'art baroque. Également typique du baroque, le réalisme des personnages est tel qu'on peut aisément les identifier.

La scène présente le professeur Tulp en train de disséquer l'avant-bras d'un voleur nommé Adriaen Adriensz, mais le peintre attire également l'attention sur les émotions que la scène suscite chez les participants : curiosité, admiration ou encore concentration. Aussi, en peignant les observateurs dans des postures aussi variées et animées, Rembrandt s'éloigne-t-il des conventions du genre du portrait de groupe, qui privilégie des figures plutôt statiques, souvent alignées autour d'une table.

Quant à l'usage de la lumière, il est loin d'être anodin. Rembrandt la fait émaner du cadavre, ce qui confère à l'œuvre ce caractère théâtral et dramatique cher à l'esthétique baroque. En revanche, le traitement du décor, à peine visible, est novateur pour l'époque. L'ombre, qui laisse toute une partie du tableau dans le noir, annonce déjà la technique audacieuse du clair-obscur, qui fera par la suite la renommée de Rembrandt. La palette de couleurs, composée de tons terreux, deviendra également l'une des caractéristiques majeures du peintre. Ce tableau contient donc en germe tout ce qui fera la singularité de Rembrandt.

DANAÉ

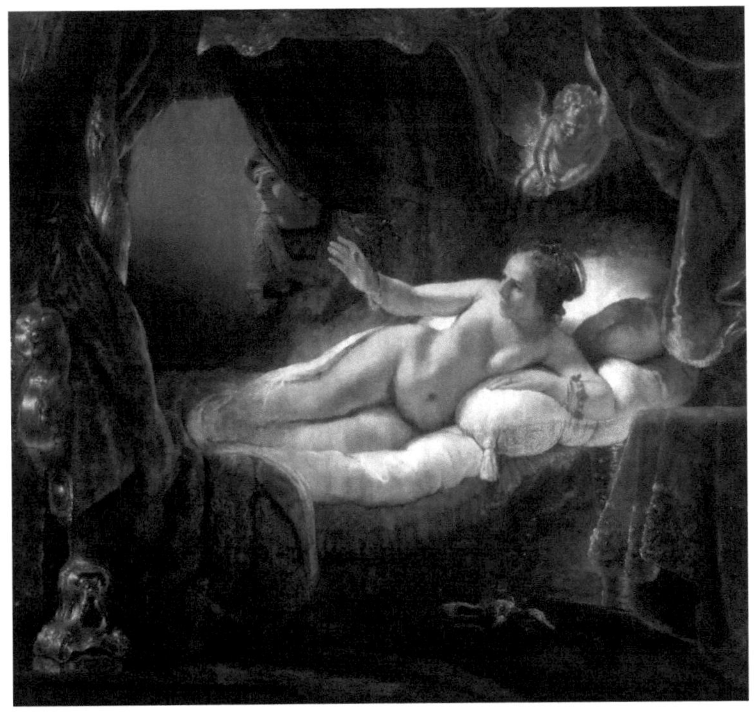

Danaé, 1636-1643, huile sur toile, 185 × 202,5 cm, Saint-Pétersbourg, musée de l'Ermitage.

Cette œuvre, dont le commanditaire est inconnu, aborde un célèbre épisode mythologique : Danaé, la fille d'Acrisios, roi d'Argos, est enfermée dans une tour par son père, à qui un oracle a prédit qu'il serait tué par son petit-fils. Mais Zeus parvient néanmoins à s'unir à la jeune fille sous la forme d'une pluie d'or. De leur liaison naîtra le héros Persée.

Rembrandt peint la jeune fille allongée sur son lit avant de recevoir Zeus, ici représenté par une lumière dorée. Par ses dimensions, il s'agit de l'une des toiles les plus imposantes du peintre et de l'un des plus grands nus féminins : les personnages sont représentés grandeur nature.

Si l'œuvre semble classique au premier abord, elle comporte certaines singularités propres à Rembrandt, dont l'utilisation massive de contrastes entre ombres et lumières. En outre, bien que le thème soit antique, le décor est, quant à lui, tout à fait contemporain de l'époque de Rembrandt, tant sur le plan mobilier que sur celui des vêtements du personnage secondaire et des étoffes décoratives. Celles-ci ajoutent d'ailleurs à l'œuvre une note d'érotisme ainsi qu'un côté dramatique, un peu comme si le rideau d'un théâtre s'ouvrait sur la scène.

Ce tableau fut vandalisé par un visiteur du musée de l'Ermitage en 1985. Il fallut douze années aux restaurateurs pour effacer les traces d'acide sulfurique et de coups de couteau que l'œuvre avait reçus.

LA RONDE DE NUIT

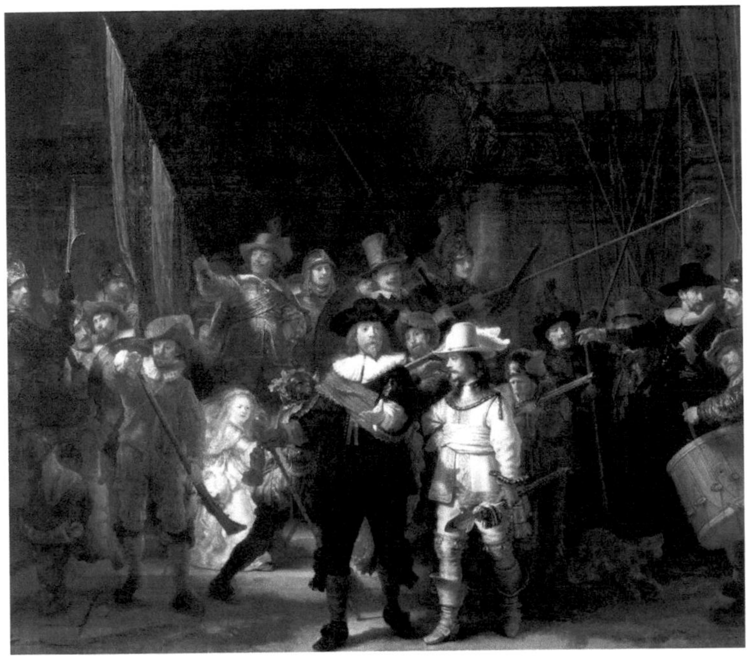

La Compagnie du capitaine Frans Banning Cocq et du lieutenant Willem van Ruytenburch, dit La Ronde de nuit, 1642, huile sur toile, 379,5 × 453,5 cm, Amsterdam, Rijksmuseum.

Appelée *La Ronde de nuit* à partir du XVIIIe siècle, cette toile, commandée par Frans Banning Cocq, chevalier et bourgmestre d'Amsterdam, qui tient d'ailleurs la place centrale du tableau, représente la compagnie des mousquetaires d'Amsterdam. C'est certainement l'œuvre la plus connue de Rembrandt. Raccourcie lors de son déménagement du Kloveniersdoelen à l'hôtel de ville d'Amsterdam en 1715, elle reste néanmoins son plus grand tableau.

Ce portrait de groupe représente une scène se déroulant de jour. Cependant, le vieillissement du vernis et l'utilisation de bitume de Judée (pigment organique donnant une couleur gris-brun assez foncée) dans l'apprêt de la toile ont donné à l'œuvre un aspect sombre, vieilli et sale. Rembrandt étant connu pour ses scènes très obscures, l'idée qu'il s'agissait d'une ronde nocturne a perduré jusqu'au XXe siècle. Il fallut attendre une campagne de restauration, effectuée en 1947, pour que l'œuvre retrouve sa lumière originelle.

Encore une fois, le peintre se détache des conventions en refusant de représenter les membres de la guilde dont il fait le portrait de façon rigide, sobre et statique. Comme c'est déjà le cas dans *La Leçon d'anatomie du docteur Nicolaes Tulp*, Rembrandt met en scène ses différents personnages dans une composition dynamique, rythmée par les lignes obliques du tableau (lances, épées et arquebuses), mais aussi par les contrastes lumineux. Il privilégie l'action et le mouvement, en représentant les miliciens se mettant en marche. L'impression de mouvement est accentuée par l'utilisation du clair-obscur, dans les couleurs des vêtements des gardes, par exemple. Par ailleurs, il imprime aux visages une forte expressivité.

Ce tableau connaît une postérité inattendue, et ce bien après sa première exposition : le cinéaste Jean-Luc Godard (né en 1930) reconstitue *La Ronde de Nuit* dans *Passion*, en 1981, et Peter Greenaway (né en 1942) en fait le sujet du film *Nightwatching*, encore plus récemment, en 2007.

Une œuvre qui n'est pas au goût de tous...

Selon la légende, malgré le talent exprimé par le peintre à travers son utilisation du clair-obscur, *La Ronde de nuit* n'aurait pas fait l'unanimité parmi ses contemporains. Certains membres de la guilde auraient même reproché à l'artiste de les avoir laissés dans l'ombre. Si cette anecdote est aujourd'hui controversée, elle montre bien à quel point cette représentation personnelle du portait de groupe était éloignée des tableaux de guildes habituels.

Cette réaction a par ailleurs alimenté le mythe qui s'est développé autour de la figure de Rembrandt, souvent présenté comme un génie incompris par son époque et en avance sur son temps. En vérité, il s'agit d'une légende héritée de la littérature du XIXe siècle. En effet, Rembrandt a, de son vivant, connu un grand succès et reçu des commandes de personnages importants.

LE CHRIST SE RÉVÉLANT AUX PÈLERINS D'EMMAÜS

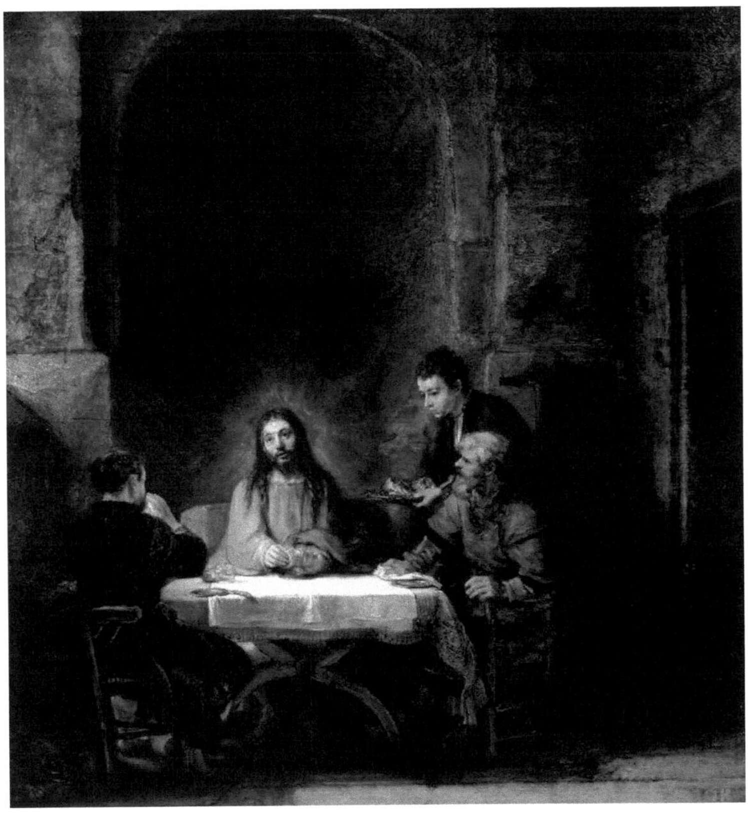

Le Christ se révélant aux pèlerins d'Emmaüs, 1648, huile sur bois, 68 × 65 cm, Paris, musée du Louvre.

Rembrandt est également l'auteur de quelques œuvres sur panneaux de bois, notamment *Le Christ se révélant aux pèlerins d'Emmaüs*. Il s'agit d'une œuvre de format moyen adaptée du récit de la résurrection du Christ dans l'Évangile selon saint Luc. Le Christ ressuscité est représenté en train de rompre le pain, trahissant ainsi son identité aux deux disciples d'Emmaüs dont on perçoit bien la surprise et l'émotion à travers l'expression de leurs visages.

Il s'agit à nouveau d'une composition décentrée, où la lumière et l'ombre tiennent les premiers rôles. La palette de couleurs, dans les tons bruns, typique de l'artiste, est utilisée dans toutes ses nuances afin de rendre au mieux l'émanation lumineuse qui rayonne à partir du Christ. Avec cette œuvre, Rembrandt revient aux thèmes religieux qui ont marqué les débuts du baroque et sont quelque peu délaissés au milieu de ce XVIIe siècle au profit des scènes de genre, des paysages ou des scènes historiques.

Il existe plusieurs autres représentations du thème des disciples d'Emmaüs, dont une huile sur panneau, *Les Pèlerins d'Emmaüs* (vers 1628), conservée au musée Jacquemart-André à Paris, où la figure du Christ émerge d'un fond obscur, dans un lumineux contre-jour. L'artiste a également réalisé deux gravures représentant cette scène, en 1634 et en 1654.

BETHSABÉE AU BAIN TENANT LA LETTRE DE DAVID

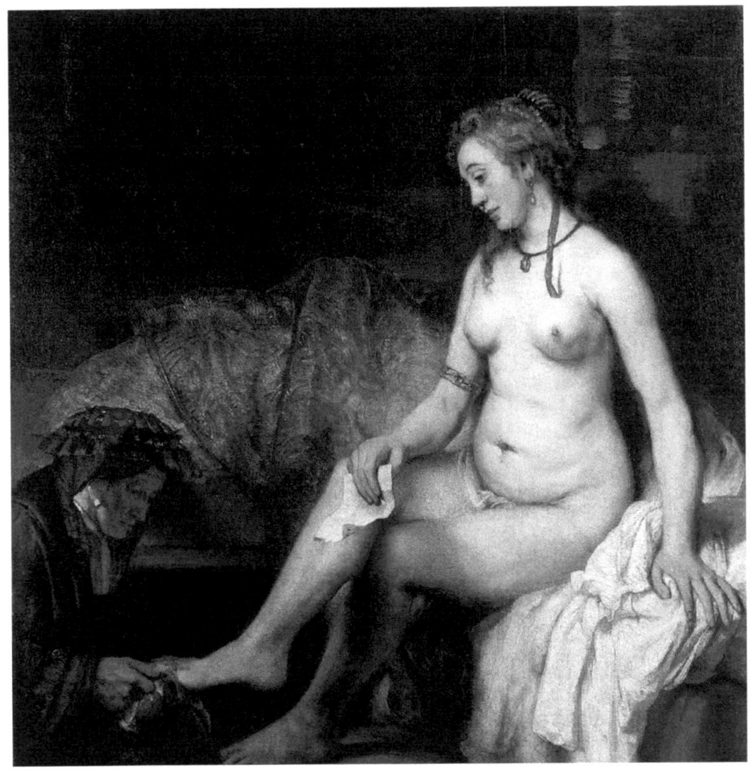

Bethsabée au bain tenant la lettre de David, 1654, huile sur toile, 142 × 142 cm, Paris, musée du Louvre.

Il s'agit du nu le plus célèbre de Rembrandt, mais on ignore les circonstances dans lesquelles le tableau a été peint. L'œuvre représente un épisode biblique : le roi David, épris de Bethsabée après l'avoir vue au bain, lui envoie une lettre pour l'inviter à le rejoindre chez lui, bien qu'elle soit déjà mariée. Le peintre rompt ici avec la tradition qui fait de la jeune femme une séductrice et choisit de peindre son dilemme intérieur : Bethsabée est en effet partagée entre la fidélité à son mari, Unie, qui est un général de l'armée de David, et la directive royale.

Les tons cuivrés et dorés que l'on retrouve dans le tableau, bien que peu variés, s'inspirent de grands peintres vénitiens comme le Titien (1488-1576) ou Véronèse (1528-1588), auxquels Rembrandt a été initié dans l'atelier de Lastman. Par ailleurs, sa maîtrise picturale de la lumière atteint ici son sommet : le jeu du clair-obscur est entièrement centré sur le corps de Bethsabée, dont il rehausse les formes. Pour peindre cette dernière, le peintre prend pour modèle sa concubine, Hendrickje Stoffels.

En décembre 2013, le Louvre s'est lancé dans une grande campagne de restauration de l'œuvre. L'oxydation des vernis étant telle que le tableau devenait difficilement visible, il s'agit de retirer les couches supérieures de vernis (qui datent de « restaurations » expérimentales du XIXe et du XXe siècle) pour éclaircir le tableau, déjà suffisamment sombre. Il y a fort à parier que les contrastes seront d'autant plus visibles après le nettoyage de l'œuvre.

DES TECHNIQUES ET DES SUPPORTS VARIÉS

Rembrandt utilise de nombreuses techniques (la sanguine, la craie, la pierre noire, l'encre, l'aquarelle, le calame, la plume, le pinceau, le stylet, etc.) et différents supports (des papiers d'Europe, de Chine, du Japon et d'Inde de différents grammages, du vélin, du parchemin, etc.) pour varier les effets et ainsi expérimenter son art. On note cependant une préférence pour le travail à la plume associée à l'encre, qui permet de créer des dessins délicats. C'est également à travers le dessin que Rembrandt s'essaye aux paysages, thème qu'il délaisse par ailleurs presque totalement dans sa peinture.

REMBRANDT, UNE SOURCE D'INSPIRATION

DES ÉLÈVES APPLIQUÉS

Rembrandt inspire un nombre impressionnant d'artistes, qu'ils soient ses élèves (Rembrandt en aurait eu une cinquantaine dans son atelier entre 1628 et 1663) ou de simples admirateurs. Ceux-ci copient son style avec tellement de talent qu'il est parfois difficile de différencier leurs œuvres du travail du maître. Ainsi, quand Willem Drost (vers 1630-1680) peint, en 1654, sa version de *Bethsabée recevant la lettre de David*, on ne peut qu'être frappé par les similitudes avec le tableau de Rembrandt réalisé la même année.

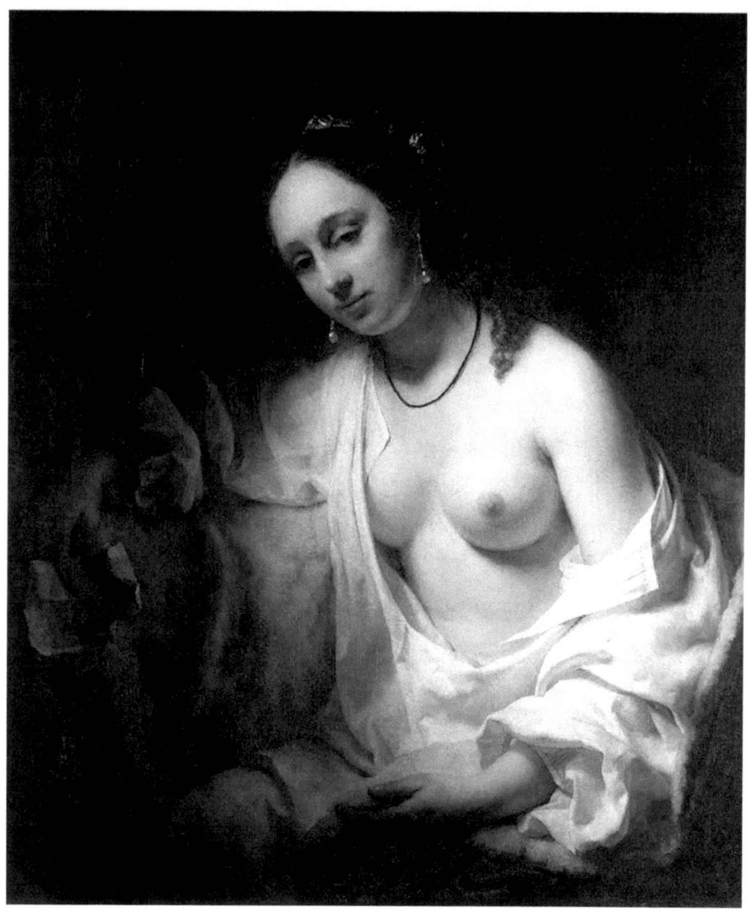

DROST (Willem), *Bethsabée recevant la lettre de David*, 1654, huile sur toile, 103 × 87 cm, Paris, musée du Louvre.

D'une part, Drost utilise le clair-obscur de Rembrandt pour modeler le corps de sa Bethsabée. Le tableau, presque intégralement plongé dans la pénombre, ne fait ressortir qu'avec plus de théâtralité l'héroïne, créant ainsi un effet dramatique en adéquation avec l'esprit baroque. D'autre part, comme l'a fait le maître avant lui, le peintre choisit de représenter la jeune femme dans un moment de dilemme, presque mélancolique. Par ailleurs, la blouse qui retombe de son épaule est un vêtement contemporain des deux artistes, et non pas un habit de l'époque biblique. Enfin, Drost signe et date son œuvre, à l'instar de Rembrandt.

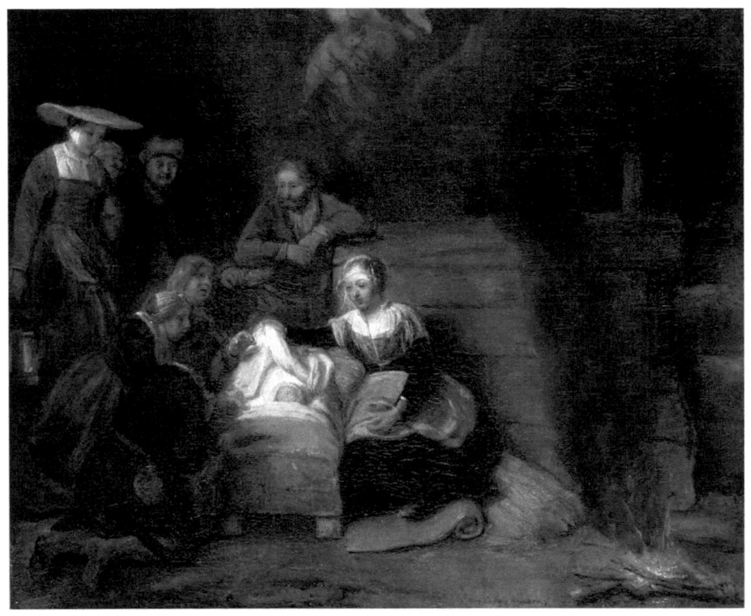

VAN HOOGSTRATEN (Samuel), *Adoration des bergers*, 1647, huile sur toile, 58,2 × 70,8 cm, Dordrecht, Dordrechts Museum.

Dans son *Adoration des bergers*, Samuel van Hoogstraten (1627-1678), un autre élève de Rembrandt, recourt au clair-obscur pour attirer l'œil sur le berceau du Christ et, tout comme son maître, propose une composition légèrement décentrée. La foule asymétrique des personnages contraste avec l'horizontalité de la palissade et les lignes légèrement obliques suggérées par le feu de camp et l'angelot, conférant à l'ensemble de la scène un dynamisme inattendu. Aussi les visages des bergers sont-ils particulièrement expressifs : on peut déceler sur leurs traits la fascination, l'incrédulité ou encore la sérénité, l'artiste jouant avec toute la palette expressive de l'art baroque. Les couleurs terreuses et l'utilisation massive d'ombres rappellent également la patte du maître hollandais.

UNE INFLUENCE AU-DELÀ DES PROVINCES-UNIES

Le cercle d'influence de Rembrandt s'étend également hors de son atelier, voire même au-delà des frontières géographiques ou temporelles. Ainsi, se réclamant de son héritage, le peintre et graveur espagnol Francisco de Goya (1746-1828) apprécie tellement le travail de Rembrandt qu'il affirme « n'avoir d'autre maître que Vélasquez, Rembrandt et la Nature » (CIRLOT (Lourdes), Museo del Prado, volume 7, Madrid, 2007). Même si la modernité de ses œuvres est indéniable, Goya puise dans le répertoire de Rembrandt pour donner une touche expressive à ses toiles. Il s'inspire notamment de son jeu de clair-obscur, de ses couleurs terreuses et de sa touche épaisse.

QUID DU NOMBRE D'ŒUVRES ORIGINALES ?

À l'heure actuelle, les œuvres originales de l'artiste sont encore difficiles à identifier. Rembrandt signait en effet une grande partie des tableaux qui sortaient de son atelier, peu importe la part qu'il y avait pris. En outre, certains de ses élèves, sans compter ses imitateurs, ont volontairement décidé de signer leurs œuvres de son nom.

L'Organisation néerlandaise pour l'avancement de la recherche scientifique a décidé, en 1968, de lancer un important programme de recherche, le *Rembrandt Research Project*, afin de distinguer les originaux des copies et des variantes. Résultat de 42 ans de recherches, cinq volumes ont vu le jour, qui recensent 240 peintures attribuées à Rembrandt, 162 définitivement rejetées comme n'étant pas de sa main et 80 dont l'attribution est encore incertaine. Sur les 1 100 tableaux attribués au maître dans le courant du XIXe siècle, à peine 300 sont donc réellement de lui.

- Rembrandt, né en 1606, est une figure emblématique de l'art baroque en Hollande au XVIIe siècle. Il bénéficie d'un environnement exceptionnellement favorable, un véritable « siècle d'or » pour les Pays-Bas, qui deviennent non seulement la plus grande puissance économique mondiale, mais également un centre intellectuel et culturel majeur sur la scène européenne.

- Issu de la bourgeoisie, Rembrandt reçoit une solide éducation et se forme auprès des plus grands maîtres de l'époque, dont Pieter Lastman, qui l'initie aux codes de la peinture italienne et influencera énormément sa production.

- Très vite, le peintre acquiert une importante notoriété et reçoit de nombreuses commandes, qu'il s'agisse de tableaux de guildes ou de portraits. En outre, à côté de son œuvre picturale, il connaît également un grand succès en tant que graveur.

- Une des caractéristiques majeures de son œuvre réside dans l'utilisation de contrastes nets entre la lumière et l'obscurité : il s'agit de la technique du clair-obscur, qui lui permet de conférer à ses compositions un caractère théâtral éminemment baroque.

- Celles-ci se caractérisent en outre par leur spontanéité et leur dynamisme, renforcés par le mouvement que l'artiste imprime à ses compositions, un trait typique de l'art baroque. Les personnages eux-mêmes quittent la rigidité sévère des siècles précédents pour s'animer. Ils sont par ailleurs représentés avec un grand souci de réalisme, notamment dans l'expression de leurs sentiments.

- L'artiste peint beaucoup de scènes bibliques ou historiques ainsi que des autoportraits et des portraits. Son tableau le plus célèbre, *La Ronde de nuit*, un portrait de groupe qui se détache des conventions du genre, a contribué à l'émergence d'un mythe sur Rembrandt, longtemps perçu comme un génie incompris par son époque. En réalité, il n'en est rien : l'artiste avait déjà une grande renommée de son vivant.

POUR ALLER PLUS LOIN

SOURCES BIBLIOGRAPHIQUES

- ALPERS (Svetlana), *L'Atelier de Rembrandt. La liberté, la peinture et l'argent*, Paris, Gallimard, 1991.
- BERNARD (Edina), *Histoire de l'art du Moyen Âge à nos jours*, Paris, Larousse, 2006.
- BULL (Duncan), *Rembrandt-Caravaggio*, Amsterdam, Waanders/ Rijksmuseum, 2006.
- CARVALHO (Roberto), *Le Petit Livre du grand art. De la peinture occidentale de la préhistoire au post-impressionnisme*, Paris, Gründ, 2005.
- DESCARGUES (Pierre), *Rembrandt van Rijn*, Paris, l'Archipel, 1999.
- GERSON (Horst), *Rembrandt et son œuvre*, Paris, Le Livre partout, 1968.
- « Rembrandt », sur http://www.rembrandtpainting.net, consulté le 25/06/2014.
- « Rembrandt. La lumière de l'ombre », exposition organisée par la Fundació Caixa Catalunya, la Biblioteca Nacional de España et la Bibliothèque nationale de France, sur http://expositions.bnf.fr/rembrandt/index.htm, consulté le 24/06/2014.
- SCHAMA (Simon), *Les Yeux de Rembrandt*, Paris, Seuil, 2004.
- STARCKY (Emmanuel), *Rembrandt : les figures*, Paris, Flammarion, 1999.
- VAN DE WETERING (Ernst), *Rembrandt: The Painter at Work*, Amsterdam, Amsterdam University Press, 1997.

SOURCES ICONOGRAPHIQUES

- DROST (Willem), *Bethsabée recevant la lettre de David*, 1654, huile sur toile, 103 × 87 cm, Paris, musée du Louvre. La photo reproduite est réputée libre de droits.
- REMBRANDT, *Autoportrait avec béret et col droit*, 1659, huile sur toile, 84,5 × 66 cm, Washington D.C., National Gallery of Art. La photo reproduite est réputée libre de droits.
- REMBRANDT, *Autoportrait avec béret et col droit*, 1659, huile sur toile, 84,4 × 66 cm, Washington D.C., National Gallery of Art. La photo reproduite est réputée libre de droits.
- REMBRANDT, *Bethsabée au bain tenant la lettre de David*, 1654, huile sur toile, 142 × 142 cm, Paris, musée du Louvre. La photo reproduite est réputée libre de droits.
- REMBRANDT, Danaé, 1636-1643, huile sur toile, 185 × 202,5 cm, Saint-Pétersbourg, musée de l'Ermitage. La photo reproduite est réputée libre de droits.
- REMBRANDT, *La Compagnie du capitaine Frans Banning Cocq et du lieutenant Willem van Ruytenburch*, dit *La Ronde de nuit*, 1642, huile sur toile, 363 × 437 cm, Amsterdam, Rijksmuseum. La photo reproduite est réputée libre de droits.
- REMBRANDT, *La Leçon d'anatomie du docteur Nicolaes Tulp*, 1632, huile sur toile, 169,5 × 216,5 cm, La Haye, Cabinet royal de peintures Maurithuis. La photo reproduite est réputée libre de droits.
- REMBRANDT, *Le Christ se révélant aux pèlerins d'Emmaüs*, 1648, huile sur bois, 68 × 65 cm, Paris, musée du Louvre. La photo reproduite est réputée libre de droits.
- VAN HOOGSTRATEN (Samuel), *Adoration des bergers*, 1647, huile sur toile, 58,2 × 70,8 cm, Dordrecht, Dordrechts Museum. La photo reproduite est réputée libre de droits.

SOURCES COMPLÉMENTAIRES

- https://www.google.com/culturalinstitute/entity/%2Fm%2F0bs kv2?projectId=art-project, qui propose 136 œuvres de Rembrandt sur lesquelles il est possible de zoomer.
- *Nightwatching*, film de Peter Greenaway, avec Martin Freeman, Emily Holmes, et Eva Birthistle, Royaume-Uni, Pologne, Canada et Hollande, 2007.
- *Rembrandt*, film d'Alexander Korda, avec Charles Laughton, Gertrude Lawrence et Elsa Lanchester, Royaume-Uni, 1936.
- *Rembrandt*, film de Charles Matton, avec Klaus Maria Brandauer, Romane Bohringer et Jean Rochefort, France, Allemagne et Hollande, 1999.

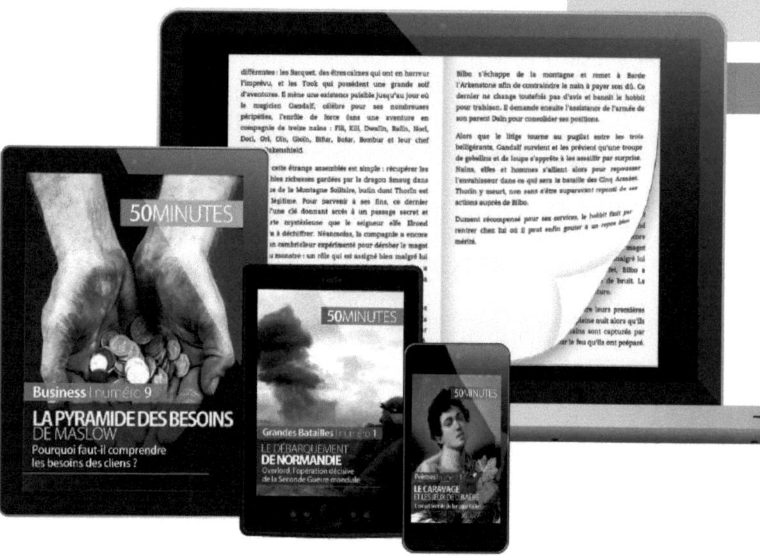
50MINUTES
Art
Business
Histoire

www.50minutes.com

Éditeur responsable : Lemaitre Publishing
Rue Lemaitre 6 | BE-5000 Namur
info@lemaitre-editions.com

ISBN ebook : 978-2-8062-5790-1
ISBN papier : 978-2-8062-5791-8
Dépôt légal : D/2014/12603/159
Photo de couverture : © *Autoportrait avec béret et col droit*, par Rembrandt, 1659.

Conception numérique : Primento, le partenaire numérique des éditeurs